A PROPOS

DE

Lectures Récentes

PAR

Le Lieutenant-Colonel breveté MANGIN

DE L'INFANTERIE COLONIALE

(Extrait de la *Revue des Troupes coloniales.*)

PARIS

HENRI CHARLES-LAVAUZELLE

Éditeur militaire

10, Rue Danton, Boulevard Saint-Germain, 118

(MÊME MAISON A LIMOGES)

A PROPOS DE LECTURES RÉCENTES

A PROPOS

DE

Lectures Récentes

PAR

Le Lieutenant-Colonel breveté MANGIN

DE L'INFANTERIE COLONIALE

(Extrait de la *Revue des Troupes coloniales.*)

PARIS
HENRI CHARLES-LAVAUZELLE
Éditeur militaire
10, Rue Danton, Boulevard Saint-Germain, 118

(MÊME MAISON A LIMOGES)

A PROPOS DE LECTURES RÉCENTES

Le Monde et la Guerre russo-japonaise, par André Chéradame (Plon). — *Origine et Résultats de la guerre russo-japonaise*, par René Pinon (Perrin). — *La Révolte de l'Asie*, par Victor Bérard (A. Colin). — *La Défense de l'Indo-Chine*, par *** (*Revue des Deux Mondes*, du 15 avril 1906).

La guerre russo-japonaise ouvre, dans l'histoire de l'Asie, une nouvelle période : l'expansion territoriale des puissances européennes est arrêtée ; leur action matérielle, leur influence morale et leur développement commercial trouvent dans le Japon une puissance rivale. L'Asie n'est plus le terrain neutre, ouvert à toutes les entreprises, et que seule protégeait l'ardeur même des compétitions qui s'y heurtaient : c'est maintenant une propriété solidement gardée, qu'aucune nouvelle enclave ne pourra entamer.

La lutte pour la domination du Pacifique vient de changer d'aspect par l'entrée en ligne du Japon victorieux et devenu, par ses victoires et ses alliances, un redoutable concurrent.

Enfin, la défaite de la Russie, annihilant sa puissance militaire pour une longue période, dont ses troubles intérieurs viennent encore accroître la durée, a détruit le système de forces qui assurait la paix européenne depuis trente-cinq ans ; cette rupture d'équilibre a eu sa répercussion immédiate dans nos relations avec l'Allemagne, qui se tendirent au point de faire croire qu'elle préméditait un conflit. Il a fallu le renvoi de M. Delcassé et la Conférence d'Algésiras pour en écarter momentanément l'éventualité.

Les événements en apparence les plus éloignés ont sur nos frontières continentales des répercussions retentissantes et profondes ; une vérité s'impose, éclatante : il n'y a plus de politique « coloniale », distincte de la politique « européenne », et l'unité de la politique « mondiale » apparaît à tous les yeux.

Trois livres récents, qui se complètent l'un l'autre, nous permettent d'étudier les causes et les résultats de la dernière guerre, qui paraît, dès maintenant, une des luttes qui marquent dans l'histoire universelle. Un article récemment paru dans la *Revue des Deux Mondes* nous permettra de conclure.

L'œuvre de M. André Chéradame fournit un excellent cadre à cette étude. Dans la première partie de son livre, il examine les deux adversaires, la Russie et le Japon : ensuite les causes de la guerre, rangées par ordre chronologique d'abord, puis par catégories. Dans la deuxième partie, il expose les forces en présence, fait le récit de la campagne, en tire les enseignements militaires. Dans la troisième partie de l'ouvrage, l'auteur passe en revue l'état de chaque puissance après la guerre : Japon, Russie, Chine, Etats-Unis, Allemagne, Angleterre, France ; il fait pour chacune d'elles le bilan des événements récents, profits et pertes, en Asie et en Europe, en forces militaires et économiques, et en déduit la nouvelle situation où la guerre a placé chaque puissance par rapport aux autres : d'où il résulte le nouvel équilibre d'amitiés, ententes ou alliances naturellement basées sur de nouvelles communautés d'intérêts. Chaque chapitre de cette dernière partie se termine par un court et net résumé qui se fixe dans l'esprit et s'y impose, sinon comme l'expression d'une vérité absolue, du moins comme une opinion sérieuse dont il est impossible de ne pas tenir compte. M. André Chéradame est un observateur sagace qui nous revient de l'Extrême-Orient après avoir, pendant douze ans, parcouru le monde entier ; son livre donne la vision directe des faits, des hommes et des choses ; son regard s'est exercé aux problèmes de politique étrangère ; aussi a-t-il envisagé la guerre russo-japonaise plus particulièrement comme effet des diplomaties européennes, comme cause de la situation nouvelle des diverses puissances en Europe.

M. René Pinon a pris comme épigraphe de son livre ces mots du prince Henri d'Orléans : « C'est en Asie que se décideront les destinées du monde ; en Asie se créeront, grandiront ou se fortifieront les empires et celui qui saura faire écouter sa voix en Extrême-Orient pourra aussi parler bien haut en Europe. » Pour M. Pinon, la lutte pour le Pacifique est avant tout une lutte pour la Chine qui, par la guerre russo-japonaise, entre dans une nouvelle phase. Il pense, avec le capitaine Mahan, que la puissance navale est le facteur prépondérant de la domination universelle. Son livre est donc avant tout une étude de la lutte pour le Pacifique, dont il étudie les partenaires répartis autour du plus vaste des Océans. Il raconte ensuite les péripéties de l'histoire de la Chine de 1894 à 1904, et sa japonisation récente ; puis tire la leçon de la dernière guerre et ses effets en Europe, particulièrement ceux de l'alliance anglo-japonaise. Un regard dans le passé nous montre le péril jaune au XIIIe siècle : comment naquit et mourut l'empire mogol, le plus vaste qu'ait vu notre planète.

La 2e partie du volume expose la situation des puissances européennes dans le Pacifique : d'abord les Américains aux Philippines, où les inévitables tâtonnements de leur colonisation se heurtent à des difficultés toutes particulières ; puis les Siamois devant l'Indo-Chine, restés alliés de l'Angleterre malgré les empiétements de cette puissance dans la presqu'île de Malacca ; enfin, les Français, dans le Pacifique austral. En étudiant la mise en valeur de la Calédonie, la question des Nouvelles-Hébrides et l'importance de Tahiti, l'auteur nous montre que la métropole se désintéresse des possessions qui jalonnent la route maritime entre Panama et Sydney, dont le canal isthmique va décupler l'importance.

Le livre de M. Victor Bérard, antérieur aux deux autres, évoque la révolte de l'Asie devant les empiétements de l'Europe. Dans les deux premiers chapitres les deux adversaires sont bien campés en face l'un de l'autre ; puis nous voyons « la descente russe » et « l'expansion japonaise » : le choc est fatal, et, dans le dernier chapitre, l'auteur nous expose « le rôle de l'Angleterre », ou plutôt du parti impérialiste anglais, qui, pour faire diversion à son avance au Thibet, met le feu aux poudres.

I

LES DEUX ADVERSAIRES : L'ASIE ET L'EUROPE LE JAPON ET LA RUSSIE

Il n'est pas douteux qu'il existe un patriotisme européen ; l'Asie monstrueuse et despotique répugnait à la Grèce harmonieuse et individualiste : à Marathon et à Salamine, deux civilisations se heurtèrent, comme à Poitiers et à Lépante. La lutte entre l'hellénisme et la Perse, entre l'islam et la chrétienté, sont les deux formes d'un même combat.

Et pourtant, où est la frontière entre l'Asie et l'Europe ? Le Danube, selon les anciens ; le Caucase et le Volga, selon les modernes ; l'Oural, disent les géographes contemporains. Et la Russie actuelle n'admet pas cette frontière, que chevauchent ses circonscriptions administratives comme les langues et les races de ses peuples.

Fonderons-nous notre patriotisme européen sur la race, opposant les Jaunes et les Blancs ? Mais nous prétendons descendre de la race aryenne, qui vient de l'Asie, et nous plaçons volontiers notre berceau sur le Pamir, le toit du monde. C'est dans le sanscrit que nos philologues cherchent les racines communes à toutes les langues de l'Europe.

Sur 800 millions de Blancs, 300 millions sont dans l'Inde, en Perse, en Arabie. D'autre part les Hongrois, les Finnois et les Bulgares sont en Europe des Jaunes très authentiques.

Est-ce la religion qui aurait créé cette unité européenne contre l'Asie ? Mais l'Evangile nous vient d'Asie. Plusieurs confessions chrétiennes y fleurissent depuis les premiers temps du christianisme : Arméniens, Syriens, Nestoriens. Les croisés prirent Constantinople sur les Grecs asiatisés et restés chrétiens ; et, sans la querelle des jésuites et des dominicains au XVIIe siècle, la Chine serait actuellement chrétienne tout entière d'un christianisme mis à sa portée, asiatisé, et le Japon serait chrétien sans les querelles des jésuites et des franciscains à la même époque : le succès des missions chrétiennes est très grand sur plusieurs points.

Il n'y a donc pas d'antinomie religieuse entre l'Asie et l'Europe, qui se prêtent leur religion en la transformant à leur usage.

Donc, ni la frontière à défendre, ni la race, ni la religion, n'ont établi l'opposition entre l'Asie et l'Europe ; et pourtant cette opposition est profonde. L'Asiatique est fataliste ou bouddhiste, crédule et résigné ; l'Européen admet la nécessité de l'effort et est raisonneur et volontaire.

C'est que les deux hommes, de même taille, sont façonnés par deux contrées qui ne sont pas à la même échelle ; montagnes, fleuves, plaines, climats, tout est extrême en Asie par rapport à l'Europe. « L'Asie est avant tout naturaliste, dit M. Victor Bérard, si le naturalisme est la prédominance et le débordement de la nature sur l'homme ; l'asservissement, la courbure et la courbette de l'humanité aux forces brutales ou ensorcelantes des êtres et des choses, et la résignation des foules inconscientes, abêties ou terrorisées, devant les lois mystérieuses et les énergies défrénées du monde... L'Europe est humaniste, si l'on entend par humanisme la prépondérance et le débordement de l'homme sur la nature, l'exploitation et l'asservissement du monde par cette frêle et pourtant irrésistible machine qui s'appelle le cerveau humain. » Et l'Européen conçoit le monde comme une horloge bien réglée dont il s'efforce d'étudier le mouvement inexorable, afin d'y conformer son énergie, tandis que, pour l'Asiatique, c'est un monstre capricieux, presque toujours violent et indomptable, parfois caressant, femelle meurtrière et féconde dont les caprices, toujours imprévus, sont subis avec une résignation fataliste.

Tandis que l'Asie féconde se pâme au soleil dans les deltas et le long des côtes méridionales, l'Asie féroce des déserts déborde sur l'Europe en hordes sauvages : Sarrasins, Mogols, Turcs. Ils font un rideau que perce péniblement l'Europe idéaliste avec quelques missionnaires qui précèdent quelques marchands. Mais la proie est signalée ; la science arme l'Europe pour la conquête ; maîtresse de la mer, elle débarque dans l'Asie féconde. L'Inde devient anglaise : l'Indo-Chine, française ; le transsibérien des Russes allonge sa tentacule jusqu'au Petchili : le vieil empire chinois est entamé de toutes parts : l'Asie est ligottée, soumise. Rêvait-elle d'un vengeur ? Soudain le Japon entre en Corée : la révolte de l'Asie commence.

L'analogie est frappante, sur la carte, entre l'archipel du Japon et les îles Britanniques : même situation géographique entre un continent et l'Océan, superficie analogue, même répartition des plaines et des montagnes, mêmes richesses houillères du sous-sol, même disproportion de peuplement entre Nippon et

Yeso, entre la Grande-Bretagne et l'Irlande. Enfin, le Japonais est, comme l'Anglais, très marin, et son activité, son tempérament combatif contrastent avec celui du Chinois, son voisin.

De cette situation et de ce fait que le Japon a un Parlement, on a pu le comparer à l'Angleterre ; mais, nous montre M. Victor Bérard, l'Angleterre est un pays essentiellement européen ; l'Europe, c'est surtout la contrée entre la Grande-Bretagne et la Grèce, et l'Angleterre, grâce au Gulf-Stream, jouit d'un climat essentiellement tempéré.

Le Japon, au contraire, a un été équatorial, grâce aux eaux chaudes du Khouro-Sivo et à la mousson du sud-ouest : c'est alors une province de l'Asie malaise ou indoue ; à cause du courant froid de l'Oja-Shivo et des vents de Mandchourie, il a un hiver glacial ; c'est alors une province de l'Asie mogole ou sibérienne. C'est pourquoi le Japon est une combinaison de l'Asie féconde et de l'Asie féroce.

Mais les saisons extrêmes sont très courtes et pendant l'année presque entière dure l'étrange saison japonaise, toujours fleurie, toujours verte, printemps sans renouveau, automne sans chute des feuilles, charme unique de cette terre privilégiée. Mais, partout, à l'Asie féconde se mêle l'Asie féroce : le volcan, le glacier, les laves arides dominent la région extraordinairement fertile ; le typhon dévastateur ou l'éruption volcanique viennent à l'improviste troubler la vie sereine.

Dans l'histoire, le Japon est une nation : la seule nation asiatique ; les autres puissances sont des groupements momentanés et artificiels. L'âme du Japon est incarnée dans le mikado, qui descend d'Amaterasou, déesse de la lumière et de la vie, et qui gouvernera l'archipel jusqu'à la fin des siècles. Le corps de la nation est composé de familles et non d'individus : chaque homme descend d'un père qu'il continue et prolonge, et sa volonté ne peut être que la volonté de ses aïeux, en remontant ainsi jusqu'aux maîtres et maîtresses de l'Univers.

Le Japon était guerrier et féodal ; le mikado, amolli par les délices de la conquête, se laisse supplanter par le shogoun, sorte de maire du palais. La Corée est vaincue ; par son contact, la civilisation chinoise pénètre, avec l'écriture et toutes les religions de la Chine, bouddhisme, schintoïsme, confucianisme, qui s'accommodent des croyances antérieures, se japonïsent. Le Japon échappe à la conquête mogole, grâce à un cyclone qui détruit les jonques du grand Koubilaï-Khan. Les querelles intérieures, luttes de clan, compétitions pour le shogounat, duels, entretiennent les mœurs féodales, le dévouement au suzerain, le culte de l'honneur, le mépris de la mort.

Au milieu du XVIe siècle, arrivent les Portugais, et, au commencement du XVIIe, les Hollandais et les Anglais ; aussitôt, les armes à feu se multiplient et transforment la guerre, les bâtiments de haut bord se construisent et écument les mers de Chine. Les missionnaires jésuites sont venus et font des prosélytes nombreux ; mais d'autres moines viennent des Philippines ; des querelles s'élèvent, qui seraient jugées par un pontife étranger : aussitôt le mikado interdit toute conversion, prescrit de revenir aux cultes nationaux, persécute les catholiques, ferme le pays aux étrangers.

C'est seulement deux siècles plus tard, en 1854, que le commodore américain Percy l'ouvre par la force : les nations européennes suivent. Le mécontentement du peuple provoque une révolution qui chasse le shogoun pour n'avoir pas réussi à défendre le pays contre l'étranger. Le mikado reprend le pouvoir. Le jeune Japon se met à l'école de l'Europe scientifique. Il prend tout notre attirail de paix et de guerre : chemins de fer et armes modernes, codes et tactique, parlements et cuirassés.

Est-il changé ?

Aucunement.

Le Japon est armé à l'européenne, habillé parfois à l'européenne ; mais il reste japonais. Il a pris les résultats de notre science, les a retenus et compris grâce à ses dons d'imitation et d'application ; mais il a gardé sa foi patriotique et religieuse incarnée dans le mikado, son culte de la famille et des ancêtres ; il n'a cru nullement reconnaître la supériorité européenne en empruntant les résultats acquis par la science européenne, et le peuple japonais reste convaincu qu'il est le premier des peuples ; les luttes féodales pour le shogounat se reproduisent dans le Parlement pour le ministère, et la politique de clan subsiste à travers la phraséologie européenne.

L'art japonais est à peine effleuré par le contact européen. L'extrême politesse envers les étrangers, résultat d'une longue culture, reste la même ; mais elle n'implique aucune cordialité : c'est une forme raffinée de la dissimulation.

Par contre, le commerce, dont le développement est récent, n'a pas encore compris que l'honnêteté est le meilleur des achalandages. Sa mauvaise foi contraste avec la moralité du commerce chinois ; elle est soutenue contre les étrangers par la partialité des tribunaux japonais, qui donnent systématiquement raison à leurs nationaux. L'industrie, trouvant dans l'état social du pays de puissants instruments pour l'exploitation humaine, a poussé à l'extrême les maux du capitalisme européen ; les contrats de travail font des femmes et des enfants, vendus par leur famille, de véritables esclaves ; nous n'avons en Europe rien d'analogue à ce bagne qu'est l'usine japonaise (1).

Donc, l'européanisation du Japon est toute superficielle ; ses précieuses qualités héréditaires se retrouvent dans le domaine militaire : le patriotisme le plus exalté, le mépris de la mort, le culte des ancêtres, l'orgueil de race qui va jusqu'à l'enfantillage, mais aussi jusqu'à l'héroïsme, et en même temps l'imitation scrupuleuse des méthodes qui ont donné la victoire sur les champs de bataille européens, l'application soutenue et minutieuse qui s'assimile le maniement des engins compliqués de la guerre moderne, le dévouement féodal au suzerain (daïmio, samuraï) (2), qui, tout en s'altérant de démagogie, forme l'armature sur laquelle repose la discipline militaire.

---

(1) René Pinon, *op. cit.*, pages 195-198.

(2) Voir *Revue des Deux Mondes*, 1er avril 1906, *Les journées et les Nuits japonaises*, par André Belessort (p. 572). L'auteur voit dans une prison d'Omata deux officiers japonais qui ont fui devant l'ennemi à Formose et sont enfermés dans une cage. Le gardien de la prison lui dit : « Je sais, moi, que dans la guerre de Chine on a trouvé des officiers qui s'étaient passé leur sabre à travers le corps. C'était le lendemain d'une bataille. Leurs soldats, hommes du peuple, n'avaient pas jugé qu'ils se fussent bien battus; et, pendant la nuit, des sous-officiers étaient entrés sous leur tente et leur avaient fait comprendre que, dans l'intérêt du régiment, ils devaient disparaitre, et qu'au surplus, s'ils n'en avaient pas le courage, on les y aiderait... » L'auteur ajoute : « Les soldats s'érigeant en juges de leurs chefs — et le fait qui m'a été confirmé plus tard serait peut-être moins rare si les officiers ne donnaient presque toujours l'exemple de l'héroïsme — les soldats sortis de la plèbe, agissent naturellement et dans le même sens que jadis les samuraï condamnant et exécutant leur daïmio. La révolution a moins détruit l'esprit samuraïque qu'elle ne l'a propagé; mais, en descendant les étages de la société, il s'est altéré de démagogie. »

La Russie est pour nous encore plus difficile à comprendre que le Japon, parce que nous sommes amenés à la comparer aux autres Etats européens.

L'immensité de son étendue et la diversité de ses races, tout autant que sa formation historique, et que les rigueurs de son climat, en font pour le reste de l'Europe un monde à part, qu'éloignent encore de nous les difficultés de son langage.

Les températures extrêmes, dont la différence atteint en Russie 60° centigrades, dépriment l'homme à un point difficilement concevable. Les cent millions de paysans russes, en quatre mois d'été, doivent semer, récolter, préparer la terre pour l'année suivante ; pendant huit mois d'hiver, une inaction à peu près complète leur est imposée.

« Or, si le climat produit l'indolence, la distance oblige à la lenteur, et la résultante de ces deux causes est cette paresse que tant d'Occidentaux considèrent comme un défaut spécialement moscovite. Ils ont tort ; quelle que soit leur race, tous les habitants de la Russie subissent l'action du pays russe. Aucun étranger n'échappe ». et M. Chéradame ajoute que dans ses nombreux voyages en Russie il a dû abréger la rédaction quotidienne de ses notes, alangui qu'il était par « l'inéluctable ambiance ». Donc, l'action continue de ce climat explique le tempérament russe, insouciant, imprévoyant, mais d'une résistance incomparable, qualités et défauts qui se sont montrés au plus haut degré dans la dernière guerre.

L'état social des populations russes est aussi éloigné de nous que les conditions climatériques où elles vivent.

Le tzar est le seul lien entre ces peuples de races et de religions différentes, qui occupent tous les degrés de la civilisation, depuis l'extrême raffinement jusqu'à la simple barbarie. Son autocratie, à laquelle il a théoriquement renoncé par le manifeste du 30 octobre 1905, avait pour intermédiaire une bureaucratie irresponsable, routinière, vénale, sans contrôle et toute puissante en fait ; des coteries de cour entouraient étroitement le souverain et mettaient entre son peuple et lui d'infranchissables barrières.

La classe cultivée, « l'intelligence », représente environ 10 millions sur 125 millions d'habitants. C'est une exagération de dire, comme on le fait souvent, qu'il n'y a pas de classe moyenne en Russie ; mais il est vrai que la bourgeoisie y représente une toute petite élite par rapport à la masse des paysans totalement illettrés. Ces paysans, qui ne possèdent qu'un tiers du sol russe, réclament une loi agraire qui leur distribue le domaine de la couronne, les biens des couvents et les grands apanages.

Le problème juif et la question financière, qui se lient à la politique, accroissent encore les difficultés de la crise actuelle.

Cette crise était inévitable. Toute guerre lointaine, forcément impopulaire, l'eût provoquée et peut-être qu'une guerre européenne, plus facilement acceptée, eût, au contraire, servi de dérivatif à cette révolution qui ne saurait être comparée à aucune autre.

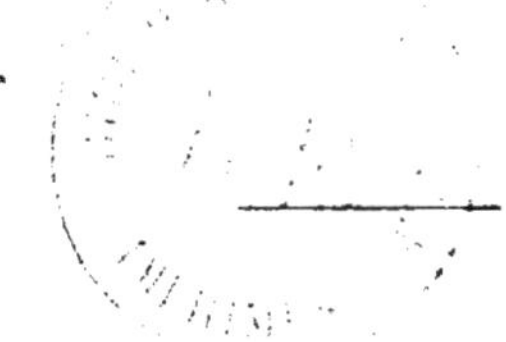

II

LES CAUSES DE LA GUERRE

Causes territoriales.

« La descente des Russes à travers l'Asie, nous dit M. Victor Bérard, ne fait que poursuivre l'ancienne expansion des Moscovites à travers l'Europe : depuis quatre siècles, la mer libre est toujours le terme convoité. »

En effet, c'est seulement au milieu du XVe siècle que la Moscovie, secouant le joug des Mogols, commença d'exister ; au siècle suivant, Ivan le Terrible ouvre le port d'Arkangel au fond de la mer Blanche ; au XVIIe, les Cosaques, chassant devant eux les Mogols, arrivent à la mer d'Okhotsk ; mais, à cause des glaces, les portes lointaines ne sont qu'entrebaillées. Pierre le Grand, soumettant les Tartares et refoulant les Scandinaves, arrive à Azof, sur la mer Noire, et fonde Saint-Pétersbourg sur la Baltique. La poussée contre les Turcs se localise autour de la mer Noire ; mais l'Europe intervient pour arrêter la Russie devant Constantinople en 1877, et la mer Noire reste fermée par les Dardanelles, qu'aucun navire de guerre ne peut franchir.

En Asie Mineure, la Russie a pris de bonnes positions que, sans doute, elle saura faire valoir un jour pour arriver sur la Méditerranée, au fond du golfe d'Alexandrie ; mais elle se heurte à la Turquie, où l'influence anglaise a été remplacée par l'hégémonie allemande, et l'Allemagne, rêvant de coloniser l'Asie Mineure et la Mésopotamie, a commencé le chemin de fer Scutari-Koweit, qui aboutit au golfe Persique (1).

Vers ce golfe tend aussi la poussée russe, à travers la Perse, d'où une adroite politique pacifique et insinuante a évincé l'influence anglaise.

Mais par son avance en Asie centrale, qui prépare sa descente vers l'océan Indien, la Russie touche à l'Afghanistan, prend pied sur le Pamir, étend son influence au Thibet. L'Angleterre sent l'Inde menacée et s'exagère encore le danger. Il semble que l'impossible « lutte entre l'Eléphant et la Baleine » soit près d'éclater. Mais le danger d'un conflit armé s'éloigne, le prestige britannique subit plusieurs échecs et essaie de se maintenir par brusques à-coups, souvent maladroits : l'expédition du Thibet, en 1903, est le plus récent de ces à-coups.

En même temps, la pression sur la Chine s'accentue. Par sa large tolérance religieuse vis-à-vis de l'islam, la Russie se concilie les Turkmènes qui gardent les portes du Turkestan chinois ; grâce à ses relations intimes avec le dalaï-lama, que l'Angleterre, trop pressée, a indisposé, les Mogols nomades, bouddhistes-thibétains, lui donnent l'accès de la Mongolie ; par la religion et par le commerce, les grandes routes de Pékin sont ouvertes. Mais avant d'arriver à la mer, elles traversent la Chine des dix-huit provinces, qu'il convient de laisser intacte. Ce sont là des routes commerciales d'une importance immédiate, de futurs chemins de fer en perspective, à greffer sur le transsibérien, et, le cas échéant, la possibilité d'une action militaire soudaine,

---

(1) Voir *La Question d'Orient* : « Le chemin de fer *de Bagdad* », par André Chéradame.

qu'on aura pu préparer dans un secret absolu : ce n'est pas la route de la mer.

C'est plus au nord que la descente russe atteindra la mer désirée ; au milieu du XIXe siècle, Mouraview et Nevelskoï lui donnent l'embouchure de l'Amour où Nicolaïevsh est fondé en 1850, puis l'île de Sakhaline ; dix ans plus tard, pendant l'expédition anglo-française, Ignatieff obtient treize cents kilomètres de côte et fonde Vladivostok, la dominatrice de l'Orient. Dès ce moment, la Mandchourie est englobée de toutes parts, la frontière de Corée est atteinte. Et bientôt le long ruban du transsibérien se déroule de Moscou jusqu'à Vladivostock, coupant au plus court à travers la Mandchourie. Par un simple embranchement, il rejoint Port-Arthur, où la Russie a remplacé le Japon victorieux de la Chine et chassé de sa conquête sous prétexte de maintenir l'intégrité du Céleste-Empire. Le même prétexte sert à l'occupation de la Mandchourie : le cosaque suit la locomotive. Voilà enfin le but atteint, le port libre de glaces. Mais, en même temps, les frontières de la Corée sont enveloppées de toutes parts et bientôt menacées.

La Corée ! mais c'est la terre promise à l'expansion japonaise.

Le Japon féodal n'a jamais abandonné ses prétentions sur l'Empire du matin calme, dont les anciens mikados furent suzerains pendant onze siècles, du IIIe au XIVe siècle de notre ère. Ils y prirent le bouddhisme, avec l'écriture et la civilisation chinoises. Du XIVe au XIXe siècle, la Corée retomba sous la suzeraineté de la Chine, sa première éducatrice, et ce fut une province du vaste empire, avec un roi et une noblesse héréditaire. La race primitive, cousine des races sibériennes, a assimilé les éléments chinois et japonais qu'elle a pu recevoir au cours des siècles ; elle garde sa langue et ses institutions et ses traits caractéristiques : la taille élevée, le front haut, les yeux non bridés, le menton barbu. Mais elle ne compte que 10 millions d'habitants pour peupler une péninsule de 220.000 kilomètres carrés, soit 50 habitants au kilomètre carré. Son climat est analogue à celui du Japon central, qui est surpeuplé et ne peut déverser son surcroît de population sur les terres du nord, où la race japonaise vit mal. Les terres japonaises n'offrent guère à la culture plus de 137.000 kilomètres carrés, pour nourrir 45 millions d'habitants, soit 300 Japonais par kilomètre carré ensemencé. Et l'augmentation annuelle est de 400.000 habitants. A ce surcroît de population du Japon moderne, il faut un déversoir ; à son sol insuffisant, l'annexion de pays à rizières ; à son industrie nouvelle, des débouchés nationaux ; au zèle néophyte des récents civilisateurs, des colonies.

Or, à Formose, seul trophée de la victoire sur la Chine en 1894, la colonisation japonaise se heurte à l'élément chinois, à l'insalubrité du climat, à la distance. Elle ne rencontre aucun de ces obstacles en Corée. Mais elle trouve l'influence russe, qui va lui fermer cette terre promise et faire de la Corée une autre Mandchourie. Cette éventualité ne peut être envisagée de sang-froid par le Japon, pour qui l'expansion est une question de vie ou de mort.

Causes politiques ou personnelles.

Jusqu'à la fin du XIXe siècle, la Russie a suivi en Asie une politique admirable de sagesse et de prudence. Chaque prise de possession était précédée d'une préparation patiente et adroite, et l'occupation restait profondément respectueuse de la religion, des mœurs et de l'organisation sociale des nouveaux sujets. L'effort militaire était de la sorte réduit au minimum ; mais s'il devenait indispensable, comme au Turkestan par exemple, il était soigneusement préparé et avait à sa disposition toutes les forces et les moyens d'action nécessaires pour assurer le succès à coup sûr. Du côté de la Chine, la Russie avait toujours été aux aguets, et chaque crise qui a marqué l'affaiblissement du Céleste-Empire a marqué aussi un pas en avant de la puissance moscovite. Mais la Russie avait évité de prendre part aux démonstrations armées et aux expéditions dirigées par l'Europe contre la Chine (guerre de l'opium en 1840, expédition anglo-française de 1860). Jamais les deux puissances n'étaient entrées en lutte ouverte ; jamais la Chine des dix-huit provinces n'avait été menacée. Même en 1880 la Russie fit, à la paix, le sacrifice de restituer à la Chine le territoire de Kouldja et la haute vallée de l'Illy, que ses troupes occupaient depuis dix ans à la faveur de la révolte musulmane et qui, lui ouvrant les portes de la Mongolie, lui permettaient d'arriver sans obstacle jusqu'au défilé de Kalgan, au pied de la Grande Muraille.

Donc, en 1894, quand la Russie se joignit à la France et à l'Allemagne pour s'opposer, au nom de l'intégrité de la Chine, à l'exécution du traité de Simonosaki qui cédait au Japon la presqu'île de Liaotoung avec Port-Arthur et le protectorat de la Corée, cette intervention parut la suite logique d'une politique traditionnelle.

C'est cependant à cette époque que la Russie s'engagea dans une action rapide et violente qui, contrastant avec la souplesse et l'opportunité de ses anciens procédés, amena l'ouverture des hostilités. En échange de ses bons offices elle obtint, en 1895, tout d'abord de la Chine, l'autorisation de s'établir à Port-Arthur dans le cas d'une guerre en Extrême-Orient ; peu à peu cette autorisation se transforma en une occupation de fait, sanctionnée, en 1898, par une cession à bail ; l'Allemagne s'installait, dans les mêmes conditions, à Kiao-Tchéou sous prétexte de compensation ; l'Angleterre occupait Wei-Haï-Wei, en face de Port-Arthur, et la France Quang-Tchéou-Wan. En même temps, la Russie obtenait l'autorisation de faire passer le transsibérien à travers la Mandchourie chinoise, puis de le relier à Port-Arthur. La construction et la garde de ces lignes amenèrent une véritable occupation de la Mandchourie. Le soulèvement des Boxers en 1900, causé en grande partie par les empiétements des puissances européennes dans la Chine septentrionale, prolongea et fortifia cette situation.

On peut penser, avec M. Chéradame, que le gouvernement de Saint-Pétersbourg ne se rendit pas un compte exact des conséquences qu'entraînait la possession de Port-Arthur ; c'est vraisemblablement de bonne foi qu'il pensait pouvoir se tenir à la garde du chemin de fer, en laissant l'administration du pays à l'autorité chinoise ; mais de grands intérêts financiers, qui trouvaient des interprètes dans l'entourage immédiat du souverain, poussaient à la construction des lignes ferrées, puis à l'occupation du pays pour assurer les résultats économiques de l'entreprise. L'action de la Banque russo-chinoise secondait activement celle du chemin de fer russe en Mandchourie. La presque totalité des officiers russes en Extrême-Orient, emportés par la « logique de la carte », prévoyaient que l'occupation de la Corée suivrait bientôt celle de la Mandchourie, et ils poussaient ouvertement le gouvernement dans cette voie. Cette attitude était connue au Japon où elle excitait une colère très compréhensible. En dernier lieu, la Société forestière du Yalou, dont les intérêts financiers étaient très activement représentés à Saint-Pétersbourg, joua un rôle décisif en précisant la menace que le Japon tout entier sentait suspendue sur la Corée.

D'autre part, la diplomatie allemande n'a jamais cessé de pousser la Russie à engager aux extrémités de l'Asie ses forces militaires et les capitaux mis à sa disposition par son allié. Déjà, en 1880, au moment de l'affaire de Kouldja, la même politique avait essayé d'entraîner l'empire russe à une guerre contre la Chine, et le rôle joué à ce moment par M. de Brandt a été mis en lumière par M. Chéradame. En 1898, l'Allemagne avait certainement lié partie avec la Russie pour l'occupation simultanée de Kiao-Tchéou et de Port-Arthur : les deux cessions à bail furent signées le même mois. Et dernièrement encore, à propos de l'aide prêtée à la France par la Russie pendant la Conférence d'Algésiras, la presse allemande accusa la Russie d'ingratitude et rappela que seule la promesse de neutralité de l'Allemagne avait permis à son puissant voisin de s'engager dans une longue et terrible guerre ; un communiqué d'allure officieuse répliqua d'ailleurs que, le résultat de cette guerre ayant été beaucoup plus favorable à l'Allemagne qu'à la Russie, il était singulier de l'invoquer comme un service rendu.

Il semble d'ailleurs, à lire le détail des négociations qui précédèrent la rupture, que le gouvernement russe ne crut pas à la possibilité d'une agression des Japonais : la Conférence de La Haye, dont les protocoles avaient été signés par les deux puissances, entretenait sans doute des illusions dangereuses. La disgrâce de M. Bezobrazoff, dans les premiers jours de l'année 1904, parut la preuve évidente que le tzar échappait aux conseillers qui le poussaient à la guerre. On crut, à Saint-Pétersgourg, que le Japon finirait par céder. Et, à ne voir que les faits, on constate que la Russie ne s'était nullement préparée à la guerre. Sans doute l'armée et la marine japonaises, qui n'avaient encore lutté que contre la Chine, n'avaient pas donné toute la mesure de leur valeur ; mais on ne pouvait les méconnaître entièrement. Or, les effectifs des troupes russes en Mandchourie et en Sibérie orientale, dont l'état-major russe exagérait systématiquement l'importance, atteignaient à peine 150.000 hommes et le rendement du transsibérien ne permettait pas d'espérer qu'ils pussent être renforcés à temps pour subir le premier choc de l'armée japonaise. L'escadre russe d'Extrême-Orient avait été diminuée après les événements de 1900 ; elle était inférieure à l'ensemble des forces japonaises, et se laissa surprendre par l'ouverture des hostilités, pourtant facile à prévoir. Les millions s'étaient engloutis à Dalny pour créer de toutes pièces une ville factice ne répondant à aucun besoin commercial ou militaire, tandis qu'à Port-Arthur, qu'il y aurait eu avantage à choisir comme tête de ligne du transsibérien, les travaux de défense avaient été négligés (1). Du côté russe, le service des renseignements se montra, dès le début des hostilités, d'une insuffisance déplorable : l'absence de cartes dans une région occupée effectivement depuis plus de quatre ans est vraiment inexplicable. Enfin, cette préparation politique

(1) « Du moment qu'on transformait Port-Arthur en une place de premier ordre, il semblait logique d'y établir en même temps le terminus du transsibéro-mandchourien... L'amiral Alexeieff était de cet avis, et il faut reconnaître qu'il a toujours été opposé à une dispersion des efforts. Mais M. Witte, en cela peut-être victime des vues inexactes du directeur du transmandchourien, M. K..., tint à la création d'un port de commerce spécial; les civils voulaient avoir, tout aussi bien que les militaires, leur ville à construire dans le Liao-Toung... Quoi qu'il en soit, cette ville fut bâtie avec une activité fébrile, au prix d'une somme colossale qui, si elle avait été dépensée à Port-Arthur, eût permis une résistance beaucoup plus prolongée de la forteresse... ». (A. Chéradame, pages 114-116.)

qui, secondant la préparation militaire, avait été un facteur si important du succès dans les précédentes entreprises de la Russie en Asie, faisait cette fois défaut : l'hostilité des nomades toungouses et la neutralité malveillante des Chinois sédentaires gênèrent le ravitaillement de l'armée russe et favorisèrent, au contraire, celui de l'armée japonaise.

En résumé, la Russie s'était engagée en Mandchourie sans se rendre compte des conséquences de l'occupation de Port-Arthur; sous l'influence des intérêts financiers et des ambitions militaires, son action avait dépassé les limites du plan primitif ; l'évacuation de la Mandchourie était devenue impossible et l'occupation de la Corée avait fini par paraître naturelle ; la diplomatie allemande poussait la Russie dans cette voie, qui devait la conduire inévitablement à une guerre à laquelle elle ne s'était nullement préparée parce qu'elle n'y croyait pas.

Le Japon présentait avec la Russie le contraste le plus complet.

L'animosité des Japonais contre les Russes avait commencé en 1875, au moment où la prise de possession de Sakhaline par la Russie avait été sanctionnée. En 1895, après le traité de Simonosaki, l'intervention de la Russie, de l'Allemagne et de la France avait exaspéré cette antipathie en enlevant au Japon le prix de ses victoires sur la Chine ; en 1898, l'installation des Russes à Port-Arthur, évacué par le Japon sur les menaces de l'Europe, avait soulevé contre eux la haine du peuple japonais tout entier. Et quand la Corée fut menacée, la guerre devint inévitable.

D'autres causes y poussaient : les sacrifices consentis pour l'armée et la marine avaient tendu à l'extrême le budget japonais. De plus, le développement industriel du Japon s'était heurté au mécompte auquel donnait lieu la main-d'œuvre indigène : le Japonais, merveilleux artisan, est un médiocre ouvrier d'usine, dont le rendement atteint à peine la moitié ou le tiers de l'ouvrier européen. Le coût de la vie, et par conséquent le minimum de salaire, avaient augmenté de 50 p. 100 entre 1890 et 1900 ; à la crise industrielle provoquée par le double renchérissement de la main-d'œuvre — faible rendement et augmentation de salaire — la guerre paraissait le meilleur remède. Enfin l'Angleterre, malgré l'attitude correcte de son gouvernement, excitait le Japon à la guerre par tous les organes de sa presse ; le parti impérialiste anglais, dont lord Curzon était à ce moment le plus actif représentant, pensait ainsi détourner pour longtemps des Indes la menace d'une invasion russe et maintenir en Extrême-Orient le principe de la « porte ouverte ».

Du reste, l'orgueil nippon ne doutait pas de la victoire ; la préparation militaire avait été poussée aussi loin que possible et dans les plus minutieux détails : la guerre, violemment désirée du peuple tout entier, était vraiment nationale, et chaque Japonais croyait que le succès était pour son pays une question de vie ou de mort

III

LES PUISSANCES APRÈS LA GUERRE

Le Japon.

La paix de Portsmouth, qui mit fin à la guerre la plus longue et la plus coûteuse des temps modernes, a placé le Japon parmi les grandes puissances de l'univers. L'éclat de ses victoires sur terre et sur mer a consacré son prestige ; ses conquêtes territoriales sont assez considérables pour satisfaire l'ambition la plus exaltée. Mais sur ces brillants résultats une ombre subsiste que tous les efforts de la diplomatie japonaise n'ont pu réussir à écarter : aucune indemnité de guerre n'a été obtenue de la Russie.

Ce fut pour les hommes d'Etat nippons et pour leur peuple tout entier une déception profonde : ils n'ont pas compris qu'un peuple vaincu ne peut être contraint à payer une indemnité de guerre que si sa capitale et les organes essentiels de sa vie nationale sont au pouvoir de l'ennemi et la continuation des hostilités eût été impuissante à amener ce résultat : ce fait, tout négatif qu'il soit, pèse lourdement sur le vainqueur.

Sa dette a, en effet, quadruplé pendant la guerre (elle atteint près de 10 milliards), et ses dépenses militaires restent considérables. La victoire nationale a consolidé au pouvoir les hommes des clans ; mais un parti populaire dont la force croît tous les jours les accuse, injustement d'ailleurs, de n'en avoir pas assuré les résultats ; le socialisme est en voie d organisation, et la crise industrielle, à laquelle la guerre n'a point remédié, lui prête un puissant secours.

Il ne semble pas que le Japonais puisse prétendre dans le commerce et l'industrie aux mêmes succès que dans la guerre. Somme toute, par suite des nouvelles charges financières et du développement des partis d'opposition, le Japon traverse une période difficile et sa situation intérieure ne lui permet pas de profiter de tous les avantages de la victoire.

Il lui reste néanmoins la mise en valeur de ses conquêtes territoriales. Bien que Sakhaline éloigne par son climat la colonisation nippone, les côtes méridionales de l'île se prêtent à l'établissement de pêcheries extrêmement fructueuses. La Corée presque en entier et les plaines méridionales de la Mandchourie ouvrent des territoires qui peuvent servir de diversion au trop-plein de la population japonaise, des terres à riz et à blé qui nourriront l'Archipel, des mines et des forêts dont l'exploitation sera très avantageuse. La Corée, prochainement réunie au réseau du transmandchourien, va prendre toute sa valeur comme entrepôt entre l'Europe, l'Asie et l'Amérique. Dans ces entreprises pacifiques, le Japon peut trouver le dérivatif indispensable à sa crise intérieure. Mais les capitaux européens ou américains seront nécessaires à la pleine exécution de ce programme : la maigre épargne japonaise n'y pourrait suffire. Une sage politique étrangère s'impose pour rassurer et attirer ces capitaux.

Malgré cette situation, le Japon n'a pas renoncé à l'hégémonie de l'Asie et du Pacifique, rêve conçu avant une guerre qu'il savait inévitable et dont il escomptait le succès ; il reste l'éducateur de la Chine et son instructeur militaire ; il joue le même rôle près du Siam ; les Américains pendent de temps en temps quelques espions japonais à Manille ; les Français se contentent de rembarquer ceux qui se montrent trop maladroitement en Indo-Chine ou à Madagascar ; la presse australienne en signalait dernièrement à Sydney, avec une surprise un peu naïve. Il est certain que les populations des Indes anglaises et néerlandaises ont été travaillées par des agents japonais, qui ont exploité les dernières victoires de leur nation sur une grande nation européenne.

Les deux politiques sont en présence au Japon : d'une part les sages, qui veulent assurer les résultats et attendre avant d'agir que les forces de la nation se soient reconstituées par la mise en valeur des nouvelles conquêtes en utilisant les capitaux étrangers ; d'autre part les mégalomanes, poussés par l'immense orgueil de la race, qui veulent profiter de la première occasion pour continuer le cours fatal des glorieuses et fructueuses victoires. Le maintien de la paix exige donc qu'il n'y ait nulle part, à portée du Japon, de proie trop tentante, dont la richesse désarmée solliciterait ses instincts de conquête. Si cette condition est remplie, on peut espérer gagner du temps, et c'est tout gagner : car la Chine, même organisée par le Japon, conservera un sentiment nationaliste trop prononcé pour ne pas se gouverner elle-même. Elle formera en face du Japon un Etat, et peut-être plusieurs Etats, par qui se maintiendra l'équilibre des peuples jaunes, conscients d'eux-mêmes, ouverts à la civilisation occidentale, mais qu'on peut espérer pacifiques, et qui, en tout cas, lutteront entre eux avant de menacer l'Europe.

La Russie.

Le résultat immédiat de la guerre est d'éloigner la Russie du Pacifique. Wladivostock, qui lui reste, a perdu toute valeur militaire, en face du Japon victorieux ; le transsibérien, dont la tête actuellement à Port-Arthur redevenu japonais, sera bientôt en Corée, a cessé d'être un instrument d'Empire. Sans doute, les positions prises en Asie centrale antérieurement à la guerre demeurent acquises, et le transcaspien, réuni directement au réseau russe par la ligne Orenbourg-Tachkent, favorise singulièrement l'avance russe en Afghanistan et vers les Indes anglaises ; mais dans les circonstances présentes il est inadmissible que la Russie fasse, dans cette direction, un pas de plus, qui serait cette fois le pas décisif, et qui l'engagerait dans une entreprise aussi longue et presque aussi lointaine que la campagne de Mandchourie. Restent les questions de Perse et d'Asie Mineure : la politique de recueillement, qui s'impose à tous égards, en fera trouver la solution dans une entente avec l'Angleterre, vraisemblablement très prochaine.

Mais le fait capital qui résulte de la guerre, c'est l'éclipse momentanée que subit la puissance militaire de la Russie. Sa flotte est anéantie, ses arsenaux de terre et de mer vidés, son matériel de guerre à reconstituer entièrement ; voilà de lourdes pertes qui enlèvent provisoirement à la Russie toute puissance offensive en Europe, et nous pouvons évaluer approximativement le temps et l'argent que coûtera leur réparation. Mais il est impossible de savoir dans quelle mesure sa crise intérieure réagit sur la discipline de son armée et de sa marine que, au printemps dernier, d'inquiétantes séditions militaires ont montrée profondément atteinte.

La marche de la révolution russe échappe à tout calcul; mais il ne semble pas que son unité puisse être mise en péril ; une certaine autonomie sera certainement accordée aux nationalités particulières ; mais elles resteront groupées autour de la masse russe que forment 95 millions d'hommes (1) de même race, de même langue et de même religion ; en remarquant la prodigieuse complexité de l'empire moscovite, on oublie souvent que plus des deux tiers de ses habitants sont d'un seul bloc, auquel la crainte de l'Allemagne ralliera toujours les Polonais et les Finlandais ; toutes les autres populations de la Russie d'Europe, groupes finnois et lithuaniens, sont dévoués à l'empire, ainsi que celles de la Sibérie et de l'Asie centrale ; on ne voit guère de velléités d'indépendance que dans le Caucase, où un gouvernement, quelque forme qu'il prenne, pourra toujours maintenir sa domination.

Sous la forme fédérative la Russie serait toujours une grande puissance et l'obligation de reconstituer ses forces militaires, en profitant de la douloureuse expérience qu'elle vient d'acquérir, continue à s'imposer au plus haut degré. On peut compter que le sentiment national et le patriotisme de race, qui sont profondément ancrés dans la masse russe, surnageront très certainement.

Il est difficile de déterminer le moment où cette reconstitution sera terminée, parce que c'est le cours de la crise actuelle qui fixera la date de son achèvement et la marine, en tout cas, ne pourra entrer en ligne que

---

(1) D'après le recensement officiel publié en 1905, la population totale de l'empire russe était, en 1897, 125 millions d'habitants. Le taux annuel d'accroissement de cette population étant de 12 p. 1.000 — le plus fort de l'Europe — il faut donc majorer ce chiffre de 12 p. 100, pour avoir la population en 1906. Elle est donc de 140 millions environ, dont 95 millions de race et de langue russes.

dans de longues années ; mais on peut espérer que l'armée sera prête bien avant les dix ou quinze ans que M. Chéradame estime nécessaires à sa réorganisation. Car, la politique écartée, il s'agit avant tout d'une question de matériel, donc de finances, et les finances russes, bien que fortement atteintes, sont loin d'être dans un état désespéré.

En effet, si la dette, en y comprenant l'emprunt de 1906, est de 21 milliards, il ne faut pas oublier qu'elle est représentée pour 8 milliards et demi par des chemins de fer qui donnent 350 millions de revenu net, non compris le transsibérien et le transcaspien qui ne rapportent rien encore, mais qui porteront recettes quand la mise en valeur du pays sera plus avancée ; le domaine de l'Etat donne 300 millions de revenus et, bien qu'il soit menacé par une inévitable loi agraire, il gardera vraisemblablement une partie de ses revenus, et en tout cas, ses immenses forêts ; 200 millions de recettes figurent chaque année au budget comme remboursements d'avances faites à diverses compagnies de chemins de fer. La dette de la Russie est le résultat d'une politique financière certainement trop hardie, que les résultats obtenus n'ont pas justifiée, et qui a introduit dans le gouvernement de l'Etat l'influence internationale ; de plus, elle présente l'inconvénient d'être placée à l'étranger pour plus des trois cinquièmes, ce qui fait sortir du pays environ 615 millions par an ; mais elle est gagée d'une manière exceptionnellement sûre et que tous les pays de l'Europe peuvent envier (1).

En examinant l'avenir des finances russes, il faut aussi

(1) Le budget de 1903, avant la guerre russo-japonaise, atteignait la somme énorme de 5.800 millions dont 800 millions pour le service d'une dette de 18 milliards. La part de l'impôt était d'environ 3.200 millions, le reste fourni par les recettes que nous venons d'énumérer, les redevances pour rachat de terres, etc.

tenir compte de la valeur du sol et du sous-sol, dont l'exploitation rationnelle commence à peine ; les richesses latentes du pays sont considérables et les débuts de leur mise en valeur sont entièrement rassurants. Le développement naissant de l'industrie, malgré quelques mécomptes dus aux moyens factices qui avaient été employés pour en favoriser l'éclosion, légitime beaucoup d'espérances. En somme, la Russie est un pays neuf dont l'avenir économique est immense.

En résumé, quels que soient les tâtonnements inévitables dans la marche de la nouvelle organisation politique, les exagérations qu'amènera la fatale surenchère des partis, et les secousses probablement violentes qui accompagneront son apprentissage de la liberté, on peut prédire à peu près à coup sûr que la Russie sortira tôt ou tard de la crise actuelle dans son unité, avec une richesse plus grande, une puissance militaire au moins égale à celle qu'elle possédait avant la guerre russo-japonaise.

Mais son état actuel lui impose une politique de recueillement. Elle abandonne résolument toute marche offensive en Asie, se contentant de réaliser au mieux la situation présente. Elle n'a plus aucun motif de se rapprocher de l'Allemagne : au contraire, elle maintient l'alliance avec la France, qui lui est restée fidèle, et elle a affirmé cette alliance à la Conférence d'Algésiras. La rivalité avec l'Angleterre, de laquelle elle est rapprochée par l'entente cordiale, peut prendre fin définitivement par de loyaux accords en Asie centrale ; mais dès maintenant le rapprochement anglo-russe s'est affirmé par la démarche de son ambassadeur à Constantinople à l'occasion de l'incident de Tabah.

La Chine.

Le sol de l'Empire chinois a servi de champ de bataille aux deux belligérants. A cette lutte gigantesque, il a assisté silencieusement et dans une apparente neutralité. Mais le bruit des armes a achevé de le réveiller. C'est peu pour lui d'avoir recouvré la suzeraineté nominale de la Mandchourie et recueilli de nouvelles déclarations d'intégrité : c'est beaucoup d'avoir compris que les armes des Occidentaux pouvaient être maniées victorieusement par les hommes de la race jaune.

Aussi l'œuvre de rénovation militaire commencée par Li-Hung-Chang et continuée par Ouan-Chi-Kaï se poursuit avec activité, sous la direction du Japon. Le sentiment national, qui avait causé l'explosion du mouvement boxer, se discipline et se fortifie ; ce n'est pas seulement des Européens qu'il se méfie et dont il aspire à se passer aussitôt que possible, c'est aussi des Japonais. « La japonisation de la Chine », l'union de tous les peuples jaunes contre l'Europe, voilà le danger prévu : il s'écarte. Nous aurons une Chine organisée à l'européenne, analogue au Japon, mais jalouse de son indépendance. L'unité de l'empire résistera-t-elle à cette secousse ? C'est douteux et les tendances séparatistes de la Chine méridionale se trouveront singulièrement renforcées par l'effervescence du sentiment national, très opposé à la dynastie mandchoue. Jusqu'à présent nous avons contrarié les menées des autorités anglaises de Hong-Kong qui soutenaient le parti des réformateurs chinois dans le Quang-Toung et le Quang-Si ; mais les conditions du problème ont changé. C'est ce que nous explique fort bien M. René Pinon (1).

(1) *Op. cit.*, pages 98-115.

En tout cas, le mouvement national est profond et puissant ; la solidarité de race s'affirme en toute occasion, par exemple par le boycottage des produits américains en réponse aux barrières mises à l'immigration chinoise aux Etats-Unis. Le gouvernement chinois vient de décider que la ligne Han-Kéou-Canton, prolongement du grand central chinois, serait exécutée avec des capitaux chinois et sous la direction d'ingénieurs chinois Il est probable que dans la pratique on sera obligé, cette fois encore, de faire appel aux ingénieurs japonais ou européens ; mais les capitaux indigènes ont afflué, et c'est une nouvelle preuve que l'argent, en Chine, est patriote.

L'Allemagne.

En favorisant les entreprises de la guerre en Extrême-Orient, l'Allemagne en escomptait le succès, qui devait y seconder sa propre influence et cette *Welt-Politik* que Guillaume II a résumée en un mot : « L'avenir de l'Allemagne est sur les mers. » La Russie victorieuse eût servi d'écran à Kiaotchéou, centre très actif de pénétration en Chine ; la Chine, maintenue dans l'état anarchique, restait soumise aux influences européennes : la concession de lignes ferrées et l'ouverture de nouveaux ports et de nouveaux marchés devaient profiter surtout à l'industrie et à la marine marchande de l'Allemagne. Enfin on pouvait très légitimement penser à Berlin qu'une entente avec la Russie amènerait un rapprochement avec son alliée la France : après le traité de Simonosaki, les trois puissances ne s'étaient-elles pas réunies dans une action commune sur le Japon ? Le renouvellement fréquent de semblables accords dans le Pacifique aurait, par répercussion, consacré en Europe l'isolement complet de l'Angleterre, concurrent de l'Allemagne et son très prochain adversaire.

Tout au contraire, la défaite russe a laissé l'Allemagne isolée à Kiaotchéou en face du Japon ; l'impossibilité de défendre cette lointaine possession, située à douze heures des arsenaux japonais, lui enlève toute importance. La renaissance militaire de la Chine, conséquence de la victoire nippone, a arrêté les empiétements systématiques de l'Allemagne dans le Chan-Toung. Aussi, avec une décision remarquable, Guillaume II a renoncé à toute politique active en Chine et, manquant une fois de plus à la solidarité européenne, il a rappelé les contingents qu'il entretenait à Pékin et à Tientsin, rendant ainsi très difficile le maintien des autres troupes internationales, pourtant si nécessaires pendant la période de transition que traverse actuellement le Céleste Empire. De plus, la tendance nouvelle du monde jaune à se suffire à lui-même arrête l'essor qu'avait pris le commerce allemand dans tout l'Extrême-Orient ; déjà l'industrie naissante de la Chine concurrence beaucoup des produits allemands de vente courante ; les lignes chinoises et japonaises de navigation à vapeur monopolisent le cabotage dans des conditions exceptionnelles de bon marché, enlèvent le fret des compagnies allemandes dont les récents succès sur les compagnies anglaises commençaient à justifier les ambitieuses espérances de leur souverain.

Donc il est certain que la défaite des armées russes a eu, sous tous les rapports, une influence très fâcheuse sur la situation de l'Allemagne en Extrême-Orient, par des pertes dès maintenant effectives, qui sont très menaçantes pour l'avenir, et surtout par un « manque à gagner » évidemment très considérable.

Mais ces pertes ne sont rien auprès du gain immense que l'Allemagne a recueilli à la suite de la guerre.

Passons sur les commandes faites par la Russie à l'industrie allemande depuis le début des hostilités dans des conditions particulièrement avantageuses et sur l'emprunt de 1905 émis à Berlin et presque entièrement dépensé en Allemagne, en sorte que l'opération s'est soldée, non par une sortie de capitaux, mais par une exportation de produits manufacturés ; ce sont là choses négligeables en regard de ce fait capital : la Russie annihilée pour plusieurs années comme puissance offensive en Europe.

N'ayant plus d'ennemis à craindre sur sa frontière polonaise, l'Allemagne acquit la possibilité de porter la totalité de ses forces militaires sur sa frontière lorraine : sans aucun effort de sa part, ses moyens d'action sur le continent se trouvèrent doublés. Ainsi fut atteint le but poursuivi par Bismarck en 1880 pendant l'affaire de Koulja et par ses successeurs, en 1895, dans l'intervention à Tokio après le traité de Simonosaki et en 1897 en liant l'occupation de Port-Arthur à celle de Kiao-Tchéou : le but était atteint, il était même dépassé.

En effet, pour que le succès de l'Allemagne fût complet, il eût fallu que la Russie, à la suite d'une victoire durement achetée, continuât son accord avec l'Allemagne dans le Pacifique, qui eût entraîné un rapprochement entre l'Allemagne et la France ; l'Angleterre se serait alors trouvée isolée devant l'union des grandes puissances continentales. Or, le résultat de la guerre fut d'éloigner la Russie du Pacifique, seule région du monde où elle eût des intérêts communs avec l'Allemagne, et de fortifier l'alliance franco-russe : d'autre part, l'entente cordiale, longuement préparée, rapprochait l'Angleterre, non seulement de la France, mais aussi de la Russie, et lui donnait sur le continent des appuis qu'elle n'avait jamais eus : enfin l'accroissement subit de la puissance germanique devenait pour toute l'Europe un danger qui inquiétait même ses alliés : l'Allemagne fut donc menacée de cet isolement qu'elle avait réservé à l'Angleterre.

A propos de l'affaire marocaine, elle essaya vainement d'obtenir par intimidation la rupture de l'entente cordiale ; ses exigences, croissant après chaque concession obtenue de la France, nous menèrent à la Conférence d'Algésiras, où se manifestèrent, en pleine lumière, l'union des puissances méditerranéennes, l'entente cordiale et l'alliance franco-russe : l'isolement de l'Allemagne devint un fait accompli.

On peut, en effet, constater qu'une sérieuse atteinte a été portée à la Triple Alliance : les relations entre la France et l'Italie ne se sont pas bornées à ce « tour de valse » que le chancelier de l'empire allemand avait permis à son alliée, à propos d'accords dans la Méditerranée, et le redoublement de puissance dont a bénéficié l'Allemagne a fait envisager la question de Trieste sous son véritable jour : entre ses mains, ce port qu'elle convoite deviendrait pour l'Italie un très sérieux danger.

L'Autriche, en marche vers le fédéralisme, apparaît enfin par l'introduction du suffrage universel comme une puissance de majorité slave (1) et sa politique extérieure s'en ressentira avant peu ; en Hongrie l'opinion publique, déposant ses vieilles préventions contre la Russie, répugne de plus en plus à une politique qui ne profite qu'à l'Allemagne. Constatons que le mouvement fédéraliste et l'établissement du suffrage universel en Autriche sont de puissants obstacles au démembrement de cette monarchie, escompté par le pangermanisme.

---

(1) Voir *l'Europe et la Question d'Autriche au seuil du XXe siècle*, par André Chéradame. Il y a en Autriche 9 millions d'Allemands élisant actuellement 205 députés et 15 millions de Slaves élisant 196 députés. (Le suffrage universel aura pour résultat immédiat de donner au Reichsrath une majorité slave.)

L'Allemagne a donc dû renoncer d'abord à former sous son hégémonie une ligue des puissances continentales contre l'Angleterre, et ensuite, pour quelque temps du moins, à son second projet de faire de la France, en cas de guerre contre l'Angleterre, son alliée ou son otage. Ayant acquis la certitude que les ententes nouées par l'Angleterre sur le continent se transformeraient le cas échéant en alliances défensives, elle paraît s'être momentanément résignée à la situation présente.

Et pourtant, bien des raisons militent en faveur d'une solution belliqueuse. La crise industrielle et commerciale d'abord : l'Allemagne (1) travaille et exporte énormément, mais gagne peu, et même de nombreuses usines fonctionnent à perte chez elle, par suite des bas prix que ses industriels ont dû consentir pour concurrencer les Américains et les Anglais. Cette crise est d'autant plus grave qu'elle se répercute sur la presque totalité de l'épargne allemande, placée en valeurs industrielles, au lieu que la nôtre recherche surtout les fonds de l'Etat ; beaucoup d'industriels et beaucoup de capitalistes grands ou petits, escomptent de nouvelles victoires — la meilleure des réclames — qui ouvriraient de nouveaux débouchés par des traités de commerce plus avantageux en Europe centrale. La crise financière du budget impérial, nécessitant de nouveaux impôts sur des denrées considérées comme de première nécessité, comme la bière, le café, le sucre, le tabac, se terminerait par l'encaissement de fortes indemnités de guerre et une limitation des armements. La crise militaire, qui sévit dans toute armée après une longue période de paix, et qui s'accroît, par suite du fossé qui

(1) Le commerce extérieur de l'Allemagne atteint 15 milliards. Mais l'Allemagne est tributaire de l'étranger pour 1 milliard et demi de produits d'alimentation et 1 milliard et demi de matières premières pour son industrie.

se creuse entre l'officier resté féodal et le soldat devenu accessible aux idées libérales.

La crise politique enfin : il semble que seule la guerre puisse arrêter la poussée montante du socialisme et la campagne pour le suffrage universel. L'exemple de l'Autriche et de la Russie, dont les institutions deviennent de plus en plus libérales, doivent obliger l'Allemagne et surtout la Prusse à se transformer ; mais c'est un changement complet qui deviendra nécessaire : l'odieux régime de prussification infligé actuellement aux Polonais de Posnanie ne pourra subsister si leurs frères sujets du tsar obtiennent la liberté et l'autonomie que la Douma paraît résolue à réclamer pour eux. Ce changement, l'empereur allemand consentira-t-il à l'accorder ?

Concluons avec M. Chéradame : « La situation de l'Allemagne, après la guerre russo-japonaise, est étrange. Son prestige et sa puissance se sont accrus dans des proportions colossales ; mais, comme sa prépondérance excessive constitue un danger pour presque tous les Etats, si elle veut en tirer parti par la guerre, elle risque de se heurter à la plus spontanée et à la plus redoutable des coalitions.

» Si l'Allemagne reste en paix pour une longue période, elle est destinée à perdre progressivement le prestige que les événements lui ont donné : à subir les effets de la crise financière, industrielle, militaire — et politique — qui s'avance, et les Hohenzollern devront renoncer avant longtemps au maintien de leur pouvoir autoritaire. »

L'Angleterre.

En poussant le Japon à engager les hostilités avec la Russie, le parti impérialiste anglais, représenté en Asie par lord Curzon et par les correspondants de la presse britannique, avait pour but principal d'arrêter la marche des Russes en Asie centrale et de protéger les Indes. Il faut constater que ce but a été atteint. Non seulement la Russie a été mise hors d'état de poursuivre une grande entreprise en Asie, autant par l'anéantissement de ses forces militaires que par la révolution intérieure provoquée par la guerre, mais par le traité du 12 août 1905 le Japon et l'Angleterre se sont réciproquement garanti l'intégrité de leurs possessions asiatiques, si bien qu'en cas d'attaque des Indes l'Angleterre dispose de l'armée japonaise pour les défendre.

Comme contre-partie de cet important résultat, la victoire d'un peuple jaune sur une puissance européenne n'est pas sans avoir eu sa répercussion parmi les 280 millions de sujets asiatiques que possède l'empire britannique : parmi eux, plusieurs sont en état de comprendre l'appel fait aux soldats du mikado pour défendre les possessions britanniques et de l'interpréter devant leurs compatriotes comme un implicite aveu d'impuissance. A cet inconvénient, il faut ajouter la concurrence commerciale et industrielle des Japonais et surtout des Chinois dont l'effet ne peut manquer de se faire sentir à brève échéance. Mais il paraît, sans doute, à la plupart des Anglais que ces inconvénients très réels sont compensés par l'avantage de sentir les Indes protégées et la Russie pour longtemps impuissante hors de ses frontières asiatiques.

L'Inde a toujours paru le point le plus vulnérable de l'empire britannique. C'est là que Bonaparte voulait le frapper par l'expédition d'Egypte ; il fut arrêté devant Saint-Jean-d'Acre, en 1799. En 1801, il obtint de Paul Ier l'envoi d'une expédition que la mort du tsar arrêta. En 1807, le général Gardanne préparait en Perse la marche des troupes françaises. Le 2 février 1808 (1), l'empereur Napoléon écrivait à Caulaincourt, son ambassadeur à Saint-Pétersbourg : « *Dites à Romanzoff et à l'empereur Alexandre que je ne suis pas loin de penser à une expédition dans les Indes... que rien n'est facile comme cette opération.* » Le refroidissement des relations entre la France et la Russie mit à néant ce projet. Mais l'idée était née, elle germa et les plans d'invasion de l'Inde se sont multipliés en Russie dans tout le courant du XIXe siècle.

---

(1) *Lettres inédites de Napoléon Ier*, publiées par Léon Lecestre, tome Ier, page 144. Voir aussi *Napoléon et Alexandre Ier*, par A. Vandal, tome Ier, pages 223-228, 242 et 513 : *Instructions à Caulaincourt*, du 12 novembre 1807 : « La terreur semée dans les Indes anglaises répandrait la confusion à Londres et certainement 40.000 Français auxquels la Porte aurait accordé passage pour Constantinople, se joignant à 40.000 Russes venus du Caucase, suffiraient pour épouvanter l'Asie et pour en faire la conquête. » *Lettre du 2 février* 1808 *à l'empereur de Russie :* « Une armée de 50.000 hommes, russe, française, et peut-être même un peu autrichienne, qui se dirigerait par Constantinople sur l'Asie ne serait pas arrivée sur l'Euphrate qu'elle ferait trembler l'Angleterre et la mettrait aux genoux du continent. » Voir aussi *Correspondance de Napoléon Ier*, t. XVI, page 337. *Lettre du 17 février au roi de Hollande* : « L'Angleterre,... menacée aux Indes par une armée française et russe, sera amenée enfin à des principes de raison. »

A. Vandal (pages 227-228) pense avec vraisemblance que « l'Empereur méditait une démonstration plutôt qu'une attaque » et espérait faire céder l'Angleterre sans être obligé d'aller jusqu'au bout de sa colossale entreprise qui, par la puissance de son imagination éminemment constructive, s'était entièrement précisée dans son esprit. Mais le caractère essentiel de son génie étant la prévision, Napoléon avait certainement envisagé l'hypothèse où la présence d'une armée franco-russe sur l'Euphrate n'eût pas suffi à amener l'Angleterre à composition : l'armée eût continué sa route à travers la Perse et le plan prévu se fût déroulé.

L'exécution du plan conçu par Skobeleff, en 1876, après la conquête du Turkestan, ne fut arrêtée que par la guerre turco-russe. La construction du transcaspien, commencée en 1886, porta le chemin de fer russe à Koutch, en 1898, sur la frontière même de l'Afghanistan, à 110 kilomètres de Hérat ; mais cette ligne avait l'inconvénient de partir de la Caspienne et d'être subordonnée au rendement de la batellerie dans une mer fermée : elle fut réunie directement au réseau russe par la ligne Orembourg - Tachkent, dont quelques difficultés de construction retardèrent l'inauguration jusqu'en 1904. La Russie dispose donc, pour concentrer ses forces sur la frontière du Turkestan, de deux lignes ferrées parfaitement distinctes, dont le prolongement à travers l'Afghanistan est assuré par la concentration à Koutch d'un matériel considérable. C'est une grande entreprise que de traverser, avec une armée, l'Afghanistan : 700 kilomètres de pays difficile, et de faibles ressources dont la population, très clairsemée, serait en partie hostile. Mais les difficultés de sa réalisation sont depuis de longues années l'objet d'études constantes dans l'armée russe ; la préparation serait longue et minutieuse, mais de nombreux projets en ont exposé tous les détails : différentes phases de la guerre, itinéraires des colonnes principales et des colonnes secondaires qui les appuieraient ; effectifs, approvisionnements, moyens de transport, garde des communications.

M. Chéradame nous expose l'un de ces projets dû à un officier des grenadiers de la garde impériale russe (1). L'auteur divise cette vaste entreprise en quatre campagnes. La première comporte la prise d'Hérat et la construction du chemin de fer Koutch - Hérat et

(1) *Vers l'Inde*, par Lebedev, traduit par le capitaine Cazalas; chez Chapelot, 1900.

Samarkand-Mazari-Chérif. La seconde campagne aurait pour objectif la ligne Kandahar-Ghazni-Caboul ; deux colonnes principales partiraient l'une d'Hérat sur Kandahar, l'autre de Mazari-Chérif sur Caboul ; la chute de Kandahar serait assurée par une colonne secondaire passant sur le territoire persan par le Khorassan et le Seïstan ; de faibles détachements viendraient faire diversion sur Tchitral et Gilgit, soulevant les Afridis. Etablie solidement sur la ligne Kandahar-Caboul, réunie à sa base par deux voies ferrées qui auraient été prolongées, l'armée russe, portée à 180.000 hommes, choisirait son objectif sur l'Indus, soit dans le cours supérieur, comme le craint le général anglais Mac Grégor, soit dans le cours inférieur, comme l'indique Lebedev.

On pense à Saint-Pétersbourg que cette troisième campagne serait à peu près décisive. Si, en effet, l'armée anglaise était battue sur l'Indus, aucun obstacle naturel, aucune place fortifiée ne s'opposerait à la marche dans la vallée du Gange pendant la quatrième campagne.

La vérité est que le sort de l'Inde serait alors entre les mains de ses habitants. Ils sont 280 millions, très différents de race, de mœurs, de langue, de religion, et leur seul lien commun, c'est la domination britannique : leur seul sentiment commun, c'est le désir d'en être délivrés, car les Anglais, malgré de très réels services rendus au pays, n'ont pas su s'y faire aimer. Aujourd'hui, il est vrai, les idées d'indépendance ont fait de tels progrès que de nouveaux maîtres seraient accueillis avec défiance. Mais le but de la Russie serait de porter un coup terrible à la puissance anglaise, et d'acquérir un port sur l'océan Indien, et non de créer un empire russo-indien. Il suffirait donc que son armée se fît précéder d'une déclaration d'indépendance pour être accueillie en libératrice. Les horreurs de la grande « mutinerie » de 1857 nous donnent une idée du tableau que présenterait alors la péninsule.

En résumé, nous pensons qu'avant la guerre russo-japonaise la Russie était en mesure d'atteindre les Indes : c'était là une grande entreprise, mais qui nécessitait certainement un effort beaucoup moindre que la campagne de Mandchourie, à laquelle la Russie n'était nullement préparée, et qui présentait beaucoup plus de chances de succès. Actuellement, l'état de son armée et de ses finances et la crise intérieure qu'elle traverse lui interdisent d'envisager de tels desseins ; comme il est à craindre que leur résultat se traduise par de stériles destructions et un recul de la civilisation européenne en Asie, il y a tout intérêt à stabiliser la situation présente ; la Russie doit renoncer à toute visée sur l'Inde et sur le Thibet et, par contre, sa situation prépondérante en Perse (1) doit être reconnue par l'Angleterre. Les deux puissances ont intérêt à écarter l'Allemagne du golfe persique, que vise le chemin de fer de Bagdad.

En réunissant le transcaspien au chemin de fer indien - il n'y a que 700 kilomètres de Koutch à New-Chaman, — Londres ne serait plus qu'à sept jours du Gange et l'achèvement de cette grande œuvre mettrait le sceau à l'entente européenne en Asie.

Le résultat de la guerre russo-japonaise, heureux en somme pour l'Angleterre en Asie, lui crée en Europe une situation délicate. La Russie ayant cessé de faire contre-poids à l'Allemagne, l'Angleterre se trouve menacée de voir le continent européen passer, de gré ou de force, sous l'hégémonie allemande. Or, si c'est un principe constant de la politique anglaise, de ne jamais laisser se constituer en dehors d'elle une union qui

(1) Voir Victor Bérard, *La révolte de l'Asie*, pages 217-251.

puisse disposer de forces navales supérieures ou égales à la sienne, ce qui l'oblige à favoriser la division des nations continentales, c'est aujourd'hui pour la Grande-Bretagne une question de vie ou de mort d'empêcher sa rivale immédiate de parler au nom du continent : la maîtrise de la mer est la condition même de son existence. En effet, par suite de sa transformation économique en nation purement industrielle, il n'y a jamais sur son sol de quoi nourrir plus de trois mois ses 42 millions d'habitants et à certaines époques de l'année son approvisionnement est inférieur à un mois de vivres ; si elle éprouve une défaite navale, un débarquement sur son sol serait inutile pour l'achever : elle serait prise par la famine comme une place assiégée.

C'était donc une nécessité absolue pour l'Angleterre de trouver un appui sur le continent. Cet appui, aucune autre puissance ne pouvait le lui donner que la France, à laquelle venait de la lier l'entente cordiale, antérieure à la paix de Portsmouth. L'Angleterre a donc un intérêt vital à l'amitié de la France.

A-t-elle intérêt à la guerre contre l'Allemagne isolée ? Evidemment oui. On n'a pas encore fait le compte du gain colossal que l'Angleterre remporterait sur l'Allemagne pendant et après une guerre maritime. Les doctrines du capitaine Mahan, qui est le grand théoricien naval du monde anglo-saxon, ne sont pas assez connues en France : Mahan (1) remarque que la protection du commerce national et la destruction du commerce ennemi est la raison d'être de la marine de guerre ; par conséquent, on peut saisir sur mer, et en toute circonstance, la propriété privée de toute nature

(1) Voir *Le Salut de la race blanche et l'Empire des mers*, par A.-T. Mahan, traduit par J. Izoulet (chez Ernest Flammarion), pages 104-110.

qui sert à assurer la subsistance ou simplement le bien-être de l'adversaire ; le *droit des neutres*, bien que sanctionné par les traités internationaux, n'existe que quand les neutres sont assez forts pour se faire respecter ; à la guerre de course, d'une efficacité insuffisante, il faut substituer de grandes opérations assurant le contrôle stratégique de la mer. On n'en peut douter, les principes hardiment soutenus par le capitaine Mahan seraient appliqués dans toute leur rigueur. Dans ces conditions, combien, sur les 2.500 bâtiments de commerce battant pavillon allemand, échapperaient aux méthodiques croisières anglaises et quelles sommes représenteraient les prises toutes chargées ? Quel serait le sort des innombrables maisons de commerce allemandes qui concurrencent les Anglo-Américains sur tous les points du globe ? Que deviendraient les 10 milliards de capitaux allemands engagés hors d'Europe ? Et, après la guerre, à quoi se réduiraient les 15 milliards annuels du commerce extérieur de l'Allemagne, et qui bénéficierait de cette réduction et du renchérissement de prix de toutes les denrées manufacturées ?

M. Victor Bérard (1) serait particulièrement qualifié pour établir ce calcul des dizaines de milliards, total de la proie immédiate et des gains ultérieurs. A cet immense butin, au triomphe incontesté du commerce anglo-saxon sur tous les marchés du monde, il faut ajouter l'avantage des pertes infligées à l'adversaire : destruction de sa marine militaire, ruine de son outillage maritime et de son industrie, perte de ses colonies.

La France est donc assurée, en cas de guerre contre

(1) La rivalité économique des deux puissances a été admirablement mise en lumière par M. V. Bérard, dans son livre : *l'Angleterre et l'Impérialisme*, où il a sû faire parler les chiffres.

l'Allemagne, d'avoir l'appui immédiat et très actif de l'Angleterre, dont le bénéfice est certain, quel que soit le résultat de la lutte sur terre. Mais ce n'est pas dire que ce dernier résultat lui soit indifférent.

Et l'Angleterre aurait intérêt à la victoire de la France, parce que la défaite de son alliée mettrait le continent européen sous la domination de l'Allemagne, dont les pertes seraient compensées dans une certaine mesure par la formidable indemnité qu'elle exigerait du vaincu et dont l'industrie se relèverait par les nouveaux traités de commerce qu'elle lui imposerait : l'Allemagne profiterait vraisemblablement de sa victoire pour régler la question d'Autriche selon ses intérêts, et la possession de Trieste ferait d'elle une puissance méditerranéenne. Une limitation de ses armements sur terre permettrait de grands efforts pour la reconstitution des flottes de guerre, et l'Angleterre se trouverait dans peu de temps menacée d'une nouvelle lutte, cette fois acharnée et sans merci.

Si l'idée d'un débarquement anglo-français sur les côtes allemandes apparaît comme entièrement chimérique, il n'en est pas de même d'un plan d'opérations prenant pour base offensive Anvers et Copenhague. Il est douteux qu'en cas de guerre entre la France et l'Allemagne cette dernière puissance eût respecté les neutralités belge et suisse ; mais on pouvait penser qu'elle serait arrêtée par la perspective d'une intervention anglaise la rappelant au respect des traités internationaux ; dans une conflagration universelle, tous les actes signés antérieurement disparaîtraient parce que personne n'en pourrait utilement assurer l'exécution ; il n'en subsisterait que les conventions d'un intérêt commun à tous les belligérants, par exemple celles qui adoucissent le sort des blessés et des prisonniers de guerre. « Le droit des neutres n'existe pas plus sur terre que sur mer. » Dans cette hypothèse, l'attitude des petites puissances garderait une certaine importance pour la sûreté des communications et l'utilisation des ressources locales ; résignées dans le présent à leur sort, il n'est pas douteux que leur sympathie, et peut-être même davantage, irait à celui des deux belligérants qui serait le moins à craindre dans l'avenir et ce ne serait certes pas l'Allemagne.

Il ne semble pas que l'Angleterre puisse disposer de plus de 100.000 à 150.000 hommes pour une opération de cette nature ; malgré l'organisation surannée de l'armée anglaise et les lenteurs de sa mobilisation, cette force n'est point négligeable, et, parmi divers projets, la possibilité d'un débarquement en Danemark, qu'envisage M. Chéradame en interprétant les récentes inquiétudes de la presse allemande, paraîtra une des diversions utiles.

Les intérêts essentiels de l'Angleterre sont donc, en paix comme en guerre, unis intimement aux intérêts de la France. D'où le rapprochement anglo-russe dont le sultan, ami de Guillaume II, vient de provoquer l'affirmation à propos de l'affaire du Sinaï : la diplomatie russe a appuyé à Constantinople les efforts de la diplomatie française pour amener la Turquie à céder aux justes réclamations de l'Angleterre. Le prestige de l'Angleterre, toujours considérable en Italie, fortifie l'union des puissances méditerranéennes. L'action personnelle d'Edouard VII, qui s'exerce dans des visites discrètes et répétées, paraît amener peu à peu l'Autriche à la perception de ses véritables intérêts. Enfin, les petites puissances, Belgique, Hollande, Danemark, se sentent menacées par le débordement de la puissance germanique, et cette crainte pourrait bien influer sur le sort de la campagne. En résumé, autour de l'entente cordiale se groupe un ensemble de forces latentes qui, sans former une ligue offensive contre l'Allemagne, se trouveraient unies pour résister à toute agression de sa part.

La France.

En étudiant successivement, avec M. Chéradame, la situation des grandes puissances après la guerre russo-japonaise, nous avons vu que la Russie, obligée de se concentrer en Europe, y est privée de toute puissance offensive, et que l'Allemagne a conquis de ce fait une prépondérance inquiétante pour toutes les autres puissances et particulièrement pour l'Angleterre et pour la France. L'entente franco-anglaise s'en est trouvée resserrée et autour d'elle un groupement tend à se former qui s'oppose à toute agression de l'Allemagne, en quelque sens qu'elle se produise.

M. Chéradame nous expose les raisons que nous avons de stabiliser cette situation, et nous invite à l'examiner en dehors de toute question sentimentale, car les alliances, accords ou ententes diplomatiques, sont affaires d'intérêt et non de sentiment ; les récriminations ne peuvent être que nuisibles, nous dit-il, et nous ne devons reprocher qu'à nous-mêmes les fautes politiques que nous avons commises et dont les autres ont profité. Suivons-le dans cet examen :

L'isolement était impossible pour notre pays et l'alliance franco-russe ne lui suffisait plus, par suite de l'impuissance militaire où notre allié est momentanément réduit ; il fallait donc choisir entre le resserrement de l'entente cordiale et le rapprochement avec l'Allemagne.

Or, cette dernière solution nous aurait mis sous la dépendance économique d'un pays dont la production industrielle concurrence la nôtre ; c'était donc la ruine de notre industrie. Notre armée, dont la nécessité n'apparaîtrait plus avec la même évidence, eût été fatalement réduite au point de ne pouvoir assurer notre indépendance ; et notre désarmement, que l'Allemagne prussifiée des Hohenzollern n'aurait certainement pas imité, aurait permis aux ambitions pangermanistes (1) de se réaliser sur le continent par le morcellement de l'Autriche. Aurions-nous ainsi acheté la paix ? Vraisemblablement non. Car notre puissant allié, se souvenant alors que son avenir est sur les mers, aurait réquisitionné notre flotte pour en finir avec l'Angleterre.

Donc, du rapprochement avec l'Allemagne, nous devions attendre la ruine de notre industrie, la perte de notre indépendance, et, pour terminer, une guerre coûteuse dont le succès eût achevé de placer la France dans un état de vassalité complète et dans un abaissement moral où mourraient ses dernières libertés.

Au contraire, entre la France et l'Angleterre, il n'y a aucune rivalité économique. Les deux productions industrielles sont complémentaires et la balance commerciale se solde par un milliard de francs en notre faveur : l'Angleterre est de beaucoup notre meilleure cliente, et nous avons tout avantage à augmenter notre commerce avec elle. La création de notre domaine colonial s'est heurtée de toutes parts à l'empire anglais ; mais les possessions respectives sont maintenant délimitées d'une façon absolument nette; nulle part, nous ne sommes en compétition ; au contraire, l'avantage de l'Angleterre est de nous voir garder telle de nos possessions, comme l'Indo-Chine, qui, remarque M. Chéradame, lui sert de tampon contre le péril jaune. Sur

---

(1) Voir *l'Europe et la Question d'Autriche au seuil du XXe siècle*, par André Chéradame, ch. II et V : Sur le pangermanisme et ses rapports avec le gouvernement de Berlin; chap. VII : Ce que serait l'Allemagne agrandie de l'Autriche.

le continent, l'Angleterre a un puissant intérêt à nous voir forts en face de l'Allemagne. En cas d'agression germanique contre la France, l'Angleterre « sauterait pleinement armée à côté d'elle », engageant son dernier homme, son dernier canon, et, argument non sans puissance, son dernier schelling, avec cette ténacité britannique dont nous avons fait l'épreuve à nos dépens au commencement du siècle dernier : la guerre ne pourrait se terminer que par une victoire continentale. A ce succès définitif, l'Angleterre pourra largement contribuer : d'abord, en gênant le ravitaillement de 60 millions d'Allemands qui tirent de l'étranger une forte partie de leur subsistance ; puis par des opérations qui, prenant pour base le territoire danois, par exemple, dépasseraient la portée d'un débarquement côtier et d'un blocus et feraient une diversion fort utile. Donc, l'entente cordiale sert au développement de notre industrie, de notre commerce et de notre agriculture ; toute rivalité coloniale a disparu entre ces deux nations ; enfin, en cas de guerre contre l'Allemagne, une alliance défensive avec l'Angleterre nous serait d'un puissant secours, parce que l'Angleterre aurait un intérêt vital à notre succès.

Ceci posé, il convient de nous rappeler, sans récriminations inutiles, que l'entente anglaise n'a procuré à la France, entre 1830 et 1870, que de très faibles avantages, tandis que l'Angleterre en a recueilli de très grands. C'est notre diplomatie qu'il faut incriminer, et non la diplomatie anglaise, à laquelle on ne peut reprocher d'avoir travaillé plutôt à la grandeur de son pays qu'à l'intérêt du nôtre ; mais les leçons de l'histoire ne doivent pas être perdues. D'autre part, ce n'est pas seulement « un sentiment hautement respectable » qui nous empêche d'oublier notre dernière guerre avec l'Allemagne, mais surtout les conséquences de cette guerre qui pèsent toujours sur nous et que la France ne peut admettre sans cesser d'être elle-même. Ces réserves faites, et c'est le moins que nous puissions dire, on peut se rallier aux conclusions de M. Chéradame. L'entente cordiale est basée sur l'évidenec des intérêts communs, en paix comme en guerre. Elle répond, non seulement à une situation passagère qui prendra fin par la reconstitution des forces militaires de la Russie, mais aussi à l'éventualité d'une action allemande en Europe centrale ; elle offre par conséquent quelque chance de durée.

Ceux-là mêmes qui ont le plus souffert des concessions que l'attitude comminatoire de l'Allemagne a arrachées à la France pendant l'année 1905 doivent constater que cette attitude nous a rendu un double et signalé service : d'abord notre diplomatie s'est trouvée naturellement engagée dans l'entente cordiale qui a pris la porté d'une alliance défensive ; puis les illusions pacifistes qui faisaient considérer toute guerre comme impossible se sont dissipées pour un instant. Il a fallu s'en rendre compte, la paix est actuellement à la merci d'un incident lointain que l'Allemagne a gardé la possibilité de provoquer non seulement au Maroc, mais dans tout le monde musulman, et, dans sa prochaine lutte contre l'Angleterre, elle entend ne pas nous laisser la possibilité de rester neutres. Le grand effort que demandait notre défense nationale a été fait, sur terre et sur mer.

Sur terre et sur mer, mais non encore outre-mer. Et c'est ce que constate un grand nombre de publications récentes (1), entre autres un article anonyme paru dans

---

(1) *Jaunes contre Blancs. Le problème militaire indo-chinois*, par R. Castex, enseigne de vaisseau (chez Lavauzelle). — *Essai*

la *Revue des Deux Mondes* du 15 avril 1906, sous le titre : La défense de l'Indo-Chine.

En examinant l'état actuel du Japon, nous avons essayé de montrer les dangers de laisser à sa portée une proie riche et mal défendue, appât trop tentant pour ne pas exciter les convoitises du parti belliqueux, capable d'entraîner le gouvernement de Tokio dans une nouvelle guerre. Mais, dira-t-on, le Japon est l'allié de l'Angleterre, à laquelle nous lie en ce moment l'entente cordiale. Or, le traité anglo-japonais du 12 août 1905 garantit aux deux puissances contractantes leurs possessions en Asie ; il est nettement limité à ce point, et cette alliance purement défensive laisse toute liberté d'action à chacune des puissances dans une guerre offensive qu'elle entreprendrait isolément contre une troisième (1). Le Japon peut donc attaquer l'Indo-Chine sans violer de ce fait ses engagements avec l'Angleterre. Appellerons-nous alors la flotte anglaise à notre secours, et de quel prix paierons-nous ce service

---

sur la situation militaire de l'Indo-Chine, par le capitaine Paul Cassou (chez Arthur Rousseau). — Articles de la *France militaire* et de la *Dépêche coloniale*, particulièrement le numéro de la *Dépêche coloniale* du 3 avril 1906, par R. Le Hérissé, député, rapporteur du budget des colonies.

Parmi les documents parlementaires, Rapport à la commission extraparlementaire de la marine sur les points d'appui de la flotte, par M. Messimy, député; sur la défense de l'Indo-Chine, par M. Deloncle, député. — Rapports de M. Le Hérissé, sur le budget des colonies, en 1905, et surtout en 1906.

(1) C'est l'article 2 du traité qui établit ce point. En chargeant l'ambassadeur d'Angleterre à Saint-Pétersbourg de communiquer le traité au gouvernement russe, lord Lansdowne s'exprime ainsi : « Je vous signale particulièrement les termes de l'article 2, qui établit nettement que c'est seulement dans le cas où l'une des deux parties contractantes sera l'objet d'une attaque sans provocation de la part d'autres puissances et dans le cas où cette partie contractante aura à défendre ses droits territoriaux et ses intérêts spéciaux contre l'agression, que l'autre partie contractante doit lui venir en aide. » Voir les textes complets dans l'ouvrage de M. René Pinon, pages 486-488.

supplémentaire, si on veut bien nous l'accorder? Ne voit-on pas à quel rôle subalterne nous tomberions et que l'entente deviendrait pour la France une véritable vassalité ?

Donc, quand on nous parle d'assurer la défense de l'Indo-Chine par une action de notre diplomatie on oublie une fois de plus, et malgré des enseignements récents et cruels, qu'il n'y a pas d'action diplomatique sans la base de la puissance militaire effective.

D'ailleurs le Japon n'est pas le seul ennemi que nous ayons à craindre. Nous avons constaté la renaissance militaire de la Chine ; que cet empire reste entier ou qu'il se morcèle, un danger grandissant est né de ce côté, et, si l'on peut espérer avoir pour quelque temps encore une action sur le gouvernement actuel de Pékin, il n'en sera certainement pas de même sur un nouveau gouvernement installé à Canton ou à Han-Kéou. A la puissance qui naît sur notre frontière, il ne faut pas offrir la tentation de trop faciles succès.

Le péril jaune ne se présente pas sous la forme d'une union panmongolique sous l'hégémonie du Japon, comme on a pu le craindre; mais il n'en est pas moins très réel, et contre lui la France est en Indo-Chine l'avant-garde de l'Europe. Par une préparation complète, encore plus indispensable que dans une guerre continentale, il lui faut gagner du temps, les années nécessaires au dénouement de la crise que traverse l'Asie. Il est en notre pouvoir de le faire avec des moyens relativement restreints, dès maintenant connus et étudiés. Sans aucune exception, tous ceux qui ont étudié la défense de l'Indo-Chine ont admis la nécessité d'un emprunt, contracté par la colonie, et l'article paru dans la *Revue des Deux Mondes* du 15 avril a détaillé une des nombreuses solutions qui peuvent être adoptées sans augmentation du budget métropolitain et sans surcharge exorbitante pour le budget indo-chinois.

La mise en œuvre du plan établi par le comité consultatif de la défense des colonies, et récemment mis au point par la mission du général Voyron, ne peut donc tarder plus longtemps. Sans doute, il est fâcheux d'augmenter d'un tiers la dette de l'Indo-Chine ; mais la sécurité est une denrée qui s'achète comme une autre et les économies faites sur ce chapitre reviennent généralement très cher.

Il convient de rappeler à ce sujet l'éloquent discours prononcé par M. Edouard Lockroy à la tribune de la Chambre des députés sur le budget de la marine, et particulièrement le passage où l'orateur rappelle les fautes commises par le gouvernement russe à Port-Arthur (1) :

« On avait dépensé des sommes considérables en travaux publics et en travaux de luxe, on avait creusé des ports de commerce, on avait bâti des palais pour le gouvernement ! Et alors qu'on avait cru faire une grande œuvre nationale, on n'avait fait qu'exciter les convoitises de l'ennemi et que préparer l'invasion et la conquête.

» Messieurs, c'est là un exemple que nous devons méditer (2)... »

---

(1) *Le Programme naval*, Lavauzelle, éditeur, 3 francs.

(2) 2e séance du 6 mars 1906, *Journal officiel* du 7 mars, page 1238.

TABLE DES MATIÈRES

Paris et Limoges. — Imp. milit. Henri Charles-Lavauzelle.

www.ingramcontent.com/pod-product-compliance
Ingram Content Group UK Ltd.
Pitfield, Milton Keynes, MK11 3LW, UK
UKHW020955180726
13838UKWH00003B/1345